Juwelen aus El Moryas Schatzhaus

# Inhalt

# Gebet

Allmächtiger,
Liebender,
führe mich,
lasse mich dich fühlen,
deine heilende Gegenwart.

Umfange mich,
fülle mich mit deinem Sein,
berühre mich,
rühre mich,
lasse mich deine Kraft erfahren.

Oh, fülle mein Herz,
lasse es überfließen mit deiner Liebe,
durchströme mich,
halte mich, heile mich,
lasse alles in mir fließen,
ohne Widerstand,
nach deinem Willen.

Dir will ich mich hingeben,
Geliebter,
alles Gebietender,
dein will ich sein,
ohne Wenn und Aber,
aufgehen in dir,
um mich wiederzufinden
in dir,
in der Einheit mit dir
und allem Seienden,
in der ganzen Größe
und Herrlichkeit
meiner selbst in dir.

Dank sei dir ewiglich.

# Der Schatz
## am Grunde meines Herzens

Am Grunde meines Herzens liegt der Schatz,
verborgen vor den Augen der Welt.
Wie kann ich ihn finden?

Fühle, fühle, mein Kind,
nimm jede kleinste Regung wahr,
jedes noch so leichte Gefühl,
nimm einfach wahr,
nimm es an,
wie klein oder groß es auch sein mag,
wie schön oder schwer es auch ist.
Fühle, fühle alles,
was zu dir gehört,
was dich ausmacht.
Aber fühle dabei auch stets in dein Herz,
damit du die Liebe nicht aus den Augen verlierst.
Denn nur, wenn du alles,
was du fühlst, was sich dir zeigt,
mit den Augen der Liebe betrachtest,
es annimmst
ohne Wenn und Aber deines Verstandes,
kann Heilung geschehen,
Heilung auf allen Ebenen.

Und je mehr du diesen Weg der Heilung beschreitest,
Stück für Stück,
Schritt für Schritt,
desto näher kommst du deinem Schatz,
dem Juwel, das du bist,
denn mit jedem Schritt auf deinem Weg
erschließt du dir mehr und mehr
den Zugang zu deinem wahren Sein,
desto näher kommst du der Quelle in dir,
desto mehr verborgene Puzzleteile findest du,
und desto vollständiger und schillernder
wird das Bild deiner Persönlichkeit,
deines wahren Seins.

Denn wisse:
Du bist Licht.
Du bist Liebe.
Du bist pure Göttlichkeit,
ausgestattet mit göttlicher Allmacht.
Darum fühle, mein Kind,
schreite mutig voran.
Der Lohn ist dir gewiss.

# Fühle, atme, fühle

Fühle, atme, fühle,
das ist alles.
Mehr ist nicht zu tun.
Fühle, atme, fühle,
bleibe ganz bei dir.
Fühle, atme, fühle
ganz in Ruhe.
Nimm wahr, was ist.
Denke nicht.
Atme, fühle, atme
ein – und aus,
ein – und aus,
immer wieder,
immer neu,
ganz bei dir
mit deiner ganzen Aufmerksamkeit,
mit deiner ganzen Achtsamkeit.
Fühle, atme, fühle.
Nimm wahr, was ist,
nicht, was sein sollte.
Fühle, atme, fühle.
Gib dich hin
deinem Fühlen,
ohne zu denken,

und fühle einfach.
Atme, fühle
und sei
ganz du selbst.

## Stimme meines Herzens

Mein Herz, was hast du mir zu sagen?
Viel, mein Kind.
Dann sprich zu mir.

Was willst du hören?
Vieles, was du hören möchtest,
kann ich dir nicht sagen,
denn es steht mir nicht zu.
Vieles, was du wissen möchtest,
musst du selbst herausfinden,
ganz allein.
Niemand kann dir dabei helfen,
nur du selbst kannst es finden.

Wie, sage mir, wie kann ich es finden?
Dann höre gut zu,
fühle und lausche,
lasse dich ganz ein auf dich selbst,
auf dein Fühlen, auf deine Wahrnehmung,
denn nur dann kannst du mich ungetrübt vernehmen,
nur dann kann dir dein Verstand nicht vorgaukeln,
er sei die Stimme deines Herzens.
Darum fühle, mein Kind, fühle,
nimm wahr, was ist.

Hab keine Angst vor dem Fühlen,
nichts kann dir geschehen.
Fühle auch zu deinem Atem,
der dich wunderbar trägt,
der dich sanft wiegt und schaukelt
im Auf und Ab der Emotionen,
und vertraue, dass das,
was du fühlst, zu dir gehört,
Teil von dir ist,
der gefühlt werden will,
der gefühlt werden muss,
um heilen zu können.
Und mit jedem Schritt auf diesem Weg
kommst du mir näher,
mir, der Stimme deines Herzens,
die eins ist mit allem Sein,
die eins ist mit der göttlichen Kraft,
mit der göttlichen Liebe.
Und desto klarer wirst du mich vernehmen,
bis wir eins sind,
allezeit.

# Hier und Jetzt

Nur dieser Augenblick ist,
nur dieser Augenblick ist Wirklichkeit.
Jetzt, hier und jetzt,
nur im Jetzt kann das wahre Leben geschehen,
nicht gleich oder eben,
nur im Jetzt, in diesem Moment.
Jetzt, jetzt, jetzt,
ewiges Jetzt.

Wie willst du wahrhaft leben,
wenn nicht im Jetzt?
Wie willst du wahrhaft **sein**,
wenn nicht in diesem Moment?
Halt, halte inne, fühle **jetzt**.

Das, was eben war,
kannst du im Jetzt nicht mehr fühlen.
Es ist vorbei,
nicht mehr vorhanden,
nichts als Erinnerung,
aber nicht wirklich im Augenblick.
Darum fühle jetzt,
komme an, im Moment,
in dir, jetzt.

Wo bist du?
Wo schweifst du umher mit deinen Gedanken?
Im Gestern? Im Morgen?
Höre auf zu träumen,
wenn du wirklich leben willst.
Höre auf, gedachtes Leben
fälschlicherweise für wahres Leben zu halten.
Sei, im Moment,
ganz und gar
mit allem, was du bist,
mit deiner ganzen Aufmerksamkeit,
mit deiner ganzen Achtsamkeit,
und du wirst staunen
über die Fülle des Moments,
über den Reichtum des Jetzt.

Jetzt.

# Gelingen

Gelingen,
was heißt das?
Was ist dir gelungen in deinem Leben?
Hast du es geschafft, „hingekriegt", erreicht?
Oder ist es nicht vielmehr so,
dass es dir gelang,
dass es zu dir gelangte,
dir widerfuhr, zu dir kam,
so dass du zufrieden sagen kannst:
Es ist mir gelungen?
Was ist dein Anteil daran?
Hast du dafür gearbeitet,
geschuftet, gerackert?
Oder hast du nicht vielmehr empfangen,
hast etwas erhalten,
etwas annehmen können?

Siehe, mein Kind,
zum Gelingen gehören mehrerlei Dinge:
ein Ziel,
die Bereitschaft zu geben,
aber auch zu empfangen,
sich tragen zu lassen,
sich führen zu lassen,

17

die Gnade zu spüren,
die im Gelingen stets liegt.
Denn ohne *Sein* Zutun
gelänge dir wenig,
müsstest du schuften und rackern, dich plagen.
Doch mit der Hilfe des Schöpfers *in dir*
ist es dir möglich,
zu dir selbst zu gelangen
und gelingen zu lassen aus dir.

Darum fühle, mein Kind,
die Verbindung zum Einen,
zum Schöpfer in dir
und schöpfe, erschaffe aus deinem Herzen,
wie's dir beliebt.
Denn wisse:
Dem Schöpfer in dir ist nichts unmöglich.
Nach seinem Willen kann alles geschehen.
Darum schöpfe, mein Kind,
mit Freude im Herzen,
im Einklang mit Gott
aus dir.

# Gebundenheit

Wo bist du gebunden in deinem Leben?
Welche Moralverträge hast du?
Wo hast du zugestimmt zu Dingen,
die deiner Wahrheit nicht entsprechen?
Wo lässt du dich binden durch alte Verträge
und wagst es nicht, zu dir selbst zu stehen?
Wo lässt du dich binden durch alte Ängste,
wo verleugnest du dich,
statt du selbst zu sein
und zu dir zu stehen mit allen Folgen,
die deine Stärke mit sich bringt?
Es ist Zeit, deine Stärke nun zu leben
und vorwärts zu schreiten offenen Blicks.
Doch dafür musst du dich befreien
aus alten Verträgen, aus alter Angst.
Fühle, wo du gebunden bist.
Fühle, wo die Angst dich hält.
Fühle und handle und gehe voran,
nimm deine eigene Göttlichkeit an.
Und lebe die Gaben, lebe die Kraft,
die dir gegeben, um sie zu teilen.
Stehe offen zu deiner Kraft,
sei wie ein Baum auf offenem Feld.
Verwurzle dich gut und trotze den Stürmen,

die dir das Leben entgegenbringt.
Vertraue der Kraft, die dich erhält,
die dich geleitet, dich sicher führt.
Und genieße die Freiheit in deinem Leben,
wenn du ganz und gar zu dir stehst
und deine Kraft in Wahrhaftigkeit lebst.
Dann kannst du allen Stürmen trotzen,
dann stehst du stets auf sicherem Grund,
dann hält dich nichts mehr außer dem Einen,
der alles erschafft und alles erhält.
Dann bist du gehalten in der Liebe,
sicher, geborgen, geschützt und getragen
und bist ganz du selbst
in deiner Kraft.

# Hände

Hast du Hände?
Wofür nutzt du sie?
Handelst du mit ihnen?
Wie handelst du?
Bewusst oder unbewusst?
Wie behandelst du dich selbst?
Liebevoll? Nachsichtig?
Oder grausam, unnachgiebig, fordernd?
Fühle einmal deine Hände ganz bewusst.
Fühle sie und lasse sie sich berühren, ganz sanft.
Spüre die Berührung und fühle,
wie viel Wärme von deinen Händen ausgeht,
auch wenn sie kalt sind.
Die Wärme deiner Hände
kommt aus deinem Herzen.
Sie teilt sich über deine Hände mit,
genau wie über deine Worte, deinen Blick,
dir selbst und anderen gegenüber.
Fühle deine Hände, fühle sie bewusst.
Und nutze sie bewusst.
Lasse sie die Wärme deines Herzens weitergeben,
für dich selbst und für andere.
Lasse sie alles mit der Wärme deines Herzens berühren,
auch dich selbst.

Fühle und handle aus deinem Herzen.
Fühle und berühre aus deinem Herzen.
Berühre die Welt aus deinem Herzen
mit deinen Händen,
mit deinen Worten,
mit deinem Blick.
Aber berühre dich zunächst selbst aus deinem Herzen.
Dann erst kannst du unbeschwert handeln,
dann erst kannst du unbeschwert berühren,
denn erst dann bist du versorgt aus deinem Herzen
und kannst im Überfluss geben
aus deinem Herzen.

# Liebes Kind, warum zagst du?

Sorge dich nicht,
du bist nicht allein.
Halte einmal inne, werde stille
und lausche nach innen.
Fühle und lausche,
lausche und fühle
und fühle dein Herz.

Nimm dir Zeit, zu fühlen.
Nimm dir Zeit, zu lauschen,
ganz in Ruhe,
ganz in Stille,
in dir, in deinem Herzen.
Spürst du?
Fühlst du?

Was? fragt dein Verstand.
Was soll ich fühlen?

Höre nicht auf ihn,
sondern fühle und lausche weiter
tief in dein Herz,
werde ganz stille und lausche,
sei ganz still und fühle.

Fühlst du?
Lasse dir Zeit.
Fühle weiter
und vertraue und fühle.

Je stiller du wirst,
desto deutlicher wird sie vernehmbar,
die Verbundenheit mit allem,
desto deutlicher wird sie fühlbar,
und dir erschließt sich
eine ganz neue Welt:
die Welt hinter dem Schleier,
die Welt jenseits deiner physischen Sinne.

Du glaubst es nicht?
Dann fühle
und entdecke sie selbst,
diese Welt,
und du wirst staunen.

# Gegensatz

Gegensatz,
Gegensätzliches,
Gleiches unverbunden nebeneinander,
gegeneinander –
Warum?

In der Vielfalt liegt die Einheit,
liegt das Wunder des Lebens,
die Individualität,
die Einzigartigkeit eines Jeden.
Warum schätzt ihr sie nicht?
Warum hört ihr nicht auf, zu vergleichen,
zu bewerten, abzuwerten, zu verachten,
nicht zu achten?
Warum achtet ihr nicht?
Warum achtet ihr nicht auf euch selbst?
Warum achtet ihr nicht euch selbst?
Seht, ihr seid göttliche Wesen,
einzigartig in der Vielfalt,
vielfältig in euch selbst.
Ihr gleicht euch
und seid doch verschieden,
und doch seid ihr eins,
verbunden im Herzen,

verbunden in Gott.
Hört auf, zu verachten,
und fangt an, zu achten,
zuerst euch selbst:

Seht, wie wunderbar ihr beschaffen seid,
seht, welch wunderbare Vielfalt ihr darstellt,
jeder Einzelne von euch.
Freut euch daran,
freut euch an der Schönheit der Vielfalt,
des Einzelnen, des Ganzen.
Denn seht, nur mit allem, was ist,
ist Vollkommenheit möglich.
Kein Teil darf fehlen
zur Ganzheit, zur Einheit
bei jedem von euch
und im Ganzen,
denn alles ist Ausdruck von Gott,
ist Ausdruck der Einheit,
der göttlichen Liebe,
die alles umfängt,
die alles erhält.

# Lachen

Lachen, hast du das verlernt?
Wann hast du das letzte Mal so richtig herzhaft gelacht?
Über das Leben, über dich selbst?
Über all deine kleinen Dramen, die du selbst inszenierst?
Über all die kleinen Hindernisse,
die du dir selbst in den Weg legst,
um daran wachsen zu können?
Kannst du darüber lachen?
Oder regst du dich auf, weil das Leben dir so übel mitspielt?
Hör auf, die Dinge nur aus deiner Menschensicht zu sehen.
Lasse dich emportragen von deinen Engeln
auf eine höhere Ebene,
von der du dir die ganze Sache aus der Distanz
betrachten kannst.
Und sieh, welch großartige Zusammenhänge
du erkennen kannst.
Erkenne, dass der, der dir am meisten wehgetan hat,
dein größter Freund ist,
weil er dir die Chance gibt,
an lange verdrängte Gefühle zu kommen,
die du gut unter Verschluss gehalten hast.
Erkenne, dass es nicht der Mensch ist, der dir so wehtut,
sondern dass es der Kontakt mit altem Schmerz ist,
der dir so zu schaffen macht.

Erkenne und höre auf,
Schuld zuzuweisen, wo keine Schuld ist.
Erkenne und höre auf,
deinen Schmerz und seine Ursache
auf andere projizieren zu wollen.
Erkenne und bleibe bei dir selbst,
bei deinem Gefühl, bei deinem Schmerz,
und nimm an, was sich in dir zeigt.
Denn es gehört zu dir, ist Teil von dir,
der gesehen und angenommen werden will, um zu heilen.
Erkenne die großartige Chance,
die dir deine Mitmenschen geben,
erkenne und nimm an.
Und vergiss das Lachen nicht,
wenn es dir auch manchmal vergeht.
Erkenne jedoch, dass du immer lachen kannst,
wenn du dich dafür entscheidest.
Entscheide dich für dein Lachen
und du wirst die Leichtigkeit spüren,
die du trotz deines Schmerzes in dir trägst.
Lache und die Welt wird dir ihr angenehmes Gesicht zeigen,
im Augenblick.
Entscheide und lache, freue dich an der Welt
und an dir und an deinen Möglichkeiten zu heilen.
Und danke von Herzen.

# Mein Herz

Mein Herz,
öffne dich, weite dich, dehne dich aus.
Lass dich erfüllen von göttlicher Liebe,
von göttlicher Kraft.
Oh, fühle die Wonne,
fühle die Kraft,
die dich erfasst,
die dich erfüllt,
die dich nun weitet,
die dich verbindet
mit allem Sein.
Alles entschwindet,
verschmilzt zu dem einen
alles erfüllenden liebenden Geist.
Oh, lass dich erfüllen,
dich wiegen und tragen,
durchstrahlen und heilen.
Lass dich verschlingen,
um zu entwerden
und neu zu entstehen in seinem Geist.
Fühle die Ruhe,
die Ruhe der Einheit,
die dich erfasst
und dich durchstrahlt,

die dich erfüllt
mit endloser Liebe
und göttlicher Kraft.
Dank sei dir, Herr,
für deine Liebe,
für deine Kraft,
die ich erfahren kann
ohne Beschränkung
an jedem Ort.
Dank sei dir, Herr,
in meinem Herzen,
in meinem Sein.

# Vertrauen

Wie soll ich vertrauen, wenn ich nicht weiß, wie es weitergeht?
Ich will Beweise, Belege, deutliche Zeichen!
Ich meine, die Miete, die Kosten,
das muss doch bezahlt werden.
Wie soll das denn gehen?
Ich habe keine Aufträge, ich weiß nicht, was ich machen soll.
Mein Gott, an mein Konto darf ich gar nicht denken.
Und wie soll ich es denn machen?
Ja, wenn ich so etwas anzubieten hätte wie der oder die,
ja, dann wäre es etwas anderes. Die haben es ja viel leichter.
Aber ich, mein Gott, wie soll das nur werden.
Und die Rente, davon kann man doch gar nicht leben ...

Halt! Haltet inne!
Merkt ihr denn gar nicht, was ihr da tut?
Ihr lasst eurem Verstand freien Lauf,
und er ergötzt sich in Horrorszenarien, in Katastrophen,
dem Ende der Welt.
Haltet inne und hört auf zu denken
und fühlt stattdessen.
Spürt, wie ihr bei jeder Horrorszene fühlt:
Der ganze Körper zieht sich zusammen,
alles hört auf, in euch zu fließen,
alles stockt und gerät aus dem Tritt.

Ihr erschafft euch diese Szenarien,
da ihr eurem Kopf nicht Einhalt gebietet.
Ihr lasst ihn laufen, wohin er nur will.
Und euer Körper hört nicht auf zu leiden,
gerät von einer Panik zur nächsten.
Darum fühlt, ohne zu denken,
fühlt *jetzt*, was in euch ist.
Stellt euch dem, was ihr in euch wahrnehmt,
den wahren Gefühlen, dem, was *ist*.
Ihr meint, ihr fändet dann nur die Leere,
aber das Gegenteil ist der Fall.
Reichtum ist da, wohin ihr auch fühlt.
Und in eurem Herzen wartet die Liebe,
die euch durch alles führt und trägt.
Dort findet ihr Ruhe, die Ruhe des Herzens,
die ihr mit Denken niemals erreicht.
Und in der Ruhe, der Liebe des Herzens
findet sich das Vertrauen ganz leicht.
In dem Gefühl der Verbindung mit allem
lösen sich alle Ängste auf.
Und mit tiefer Gewissheit wisst ihr,
dass ihr versorgt seid, getragen, geliebt.
Darum bleibt im Moment,
verbunden im Herzen,
verbunden im Sein,
und fühlt das Vertrauen,
das im Fühlen sich euch offenbart.

# Besonnenheit

Bist du besonnen in deinem Handeln?
Oder handelst du schnell,
reagierst sofort?
Lasse dir einmal Zeit mit dem Handeln.
Lasse die Dinge auf dich wirken,
fühle, was es mit dir macht,
wenn du wartest, wenn du spürst,
was deiner Wahrheit entspricht
und was nicht.
Fühle dabei zu deinem Herzen,
frage, was die Antwort ist,
die für dich stimmt, die stimmig ist,
in deinem Sein.
Lasse dich auf dich selbst ganz ein,
fühle und spüre.
Und dann kannst du handeln
aus deinem Herzen.
Besonnen, aus dir,
aus deiner Wahrheit,
aus dem, was du bist,
was dir wirklich entspricht.
Wenn du so handelst,
besonnen aus dir,
besonnst du die Welt,

sie wird erhellt von deinem Licht,
das du ihr gibst,
wenn du mit dir selber verbunden bist
in deinem Herzen, der Quelle in dir,
die dich verbindet in deinem Sein
mit allem, was ist,
die dir den Zugang gibt zu dem Licht,
mit dem du die Welt um dich erhellst,
wenn du in Wahrhaftigkeit zu dir stehst.
Wenn du dich achtest,
achtest du alles.
Wenn du dich fühlst
und zu dir stehst,
erhellst du die Welt
mit deinem Licht.
So handle besonnen
aus deinem Sein,
aus deinem Licht.

# Gefühle

Gefühle?
Was ist das?
fragt der Verstand.
Kann man das greifen,
bemessen, bewerten?
Nein, sagt das Herz,
das geht leider nicht.
Das kann man nur fühlen,
erleben im Sein.
Und der Verstand
fühlt sich ganz verloren,
denn seine Kriterien greifen nicht mehr.
Er versucht, zu ergründen,
doch was bringt ihm das?
Er verliert sich im Nichts,
in Gedankengebilden.
Er sucht Argumente, kann alles erklären
und hat am Ende doch nichts im „Griff".
Er wiederholt nur in stets neuen Schleifen,
was er schon hundert Mal gedacht,
und entfernt sich dabei
immer mehr von der Wahrheit,
von dem, was ist, in seinem Sein.
Denn wisse:

Dein Sein besteht auch aus dem Fühlen
in allen Aspekten in jedem Moment.
Das, was ist,
kannst du nur mit dem Fühlen ergründen
und in dir heilen,
wenn du dich ihm stellst.
Denn in deinem Herzen gibt es den Platz
für jedes Gefühl, das zu dir gehört.
Darum öffne dein Herz und lade sie ein,
deine Gefühle, die Teil von dir sind.
Und mit dem Fühlen deiner Gefühle
kommst du dem näher,
was du suchst:
der Ruhe, der Ganzheit, dem inneren Frieden,
der annimmt, was ist,
in jedem Moment.
Darum öffne dein Herz
und fühle
und sei
verbunden mit allem,
was immer du bist.

# Hadere nicht

Gefällt es dir nicht,
was das Leben dir bringt?
Dann hadere nicht,
sondern stelle dich ihm.
Und spiel nicht den Armen, den Schwachen,
der leidet,
sondern fühle und
bleibe im Moment.
Verweil nicht im Gestern mit deinen Gedanken,
denn gestern ist heut schon längst vorbei.
Das macht das Heute auch nicht besser,
es hält dich in der Vergangenheit
und hindert dich, das Heute zu leben,
wo du im Moment an der Zukunft baust.
So bleibe im Heute,
und stelle dich ihm,
mit allen Gefühlen,
die in dir sind.
Nur so kannst du alte Wunden heilen
und dich vom Gestern heute befreien.
Darum fühle, mein Kind, ohne Zögern,
stelle dich deiner ganzen Pein.
Und du wirst sehen,
im Fühlen gewinnst du,

statt zu vergehen,
wie du dir gedacht.
Und du wirst freier von alten Mustern,
denn sie verlieren ihre Macht.
Und befreit kannst du deinen Weg fürderhin gehen,
geschützt und geleitet allezeit.
Bleib einfach mit deinem Herzen verbunden,
bleib im Moment zu jeder Zeit
im Hier und Jetzt,
an nichts sonst gebunden
in Freiheit,
in dir
in der Einheit des Seins.

# Gemeinheit

Gemeinheit,
man lässt mich nicht,
ich hab keine Wahl.
Ich muss mich fügen,
ob ich will oder nicht.

Wer ist „man"? frage ich dich.

Die anderen, die Welt, wie das halt so ist.

Was meinst du?
Wer sind die andern nach deiner Meinung?
Die Zwänge, das Geld, die Meinung der Welt.
Dem muss ich mich fügen, wie steh ich sonst da?

Halte inne, mein Freund,
und sieh, was du sagst:
*Du* sagst dir, dass du dich fügen *musst*,
und beschwerst dich, es seien die andern.
Fühle einmal, was der Wahrheit entspricht:
Wer entscheidet? Du – oder nicht?
Sagst du dir nicht ständig:
Tu dies oder das,
und treibst dich und quälst dich?

Wozu? Warum?
Wenn dir nicht gefällt, was die andern dir sagen,
dann tu etwas anderes.
Wer hält dich zurück?
Fühle,
tief in dir, und du findest die Antwort.
Fühle und spüre die Angst in dir:
Wenn ich das nicht tue,
dann liebt man mich nicht,
dann werd ich verachtet,
hab keinen Erfolg.
So geht das doch nicht,
was geschieht sonst mit mir?
Fühle noch tiefer
und hör auf zu denken.
Fühl in dein Herz
und fühle nur.
Und du findest die Liebe, die im Außen du suchtest,
vergebens bisher, wie du selbst sehr gut weißt.
Darum fühle nach innen, finde dich selbst,
und du weißt, was zu tun ist,
aus deinem Sein.
Und dann fühle die Freiheit
in deinem Herzen
und lebe sie,
frei von Bewertung,
frei von Angst,
wie immer du willst.

# Gelegenheit

Wann hast du die Gelegenheit?

Wozu?

Das frage ich dich.
Wann hast du die Gelegenheit?
Fühle und sieh, was geschieht.

Meinst du die Gelegenheit,
in mein Herz zu fühlen,
Kontakt aufzunehmen mit der Quelle in mir?

Fühle und frage nicht und du wirst wissen:

Ja, mein Herz steht mir immer weit offen,
zu jeder Zeit, in jedem Moment.

Dann nutze diese Gelegenheit
in jedem Moment, zu jeder Zeit,
und höre auf, im Außen zu fragen,
nach Beifall zu heischen, den Großen zu spielen,
eine Rolle zu spielen, die du nicht bist.
Fühle im Herzen, fühle dich selbst,
und du weißt, was zu tun ist, zu jeder Zeit.

Dein Herz gibt dir Antwort auf all deine Fragen,
auch Antworten, die dir nicht behagen,
aber wenn du ihm lauschst, wirst du nie betrogen,
wie es dir in der Außenwelt immer passiert,
wenn du eine Rolle spielst und nicht du selbst bist.
Dein Herz aber kannst du nicht belügen,
dein Herz erkennt dich, so wie du bist.
Es kennt deine Ängste, all deine Sorgen,
und weiß, welche echt sind und welche nicht.
Es weiß genau zu unterscheiden
zwischen echtem Gefühl und gedachtem Tand
und hat dennoch Platz für alles.
In Liebe, ohne Wertung nimmt es an
und kann dich so heilen von jeder Pein
und dir Freiheit schenken in deinem Sein.

So nutze diese Gelegenheit
in deinem Leben
zu jeder Zeit.

# Genug

Hast du genug?
Hast du genug von allem?
Reicht es dir?
Reicht es dir wirklich,
was du hast?
Ist es nicht vielmehr so, dass du stets meinst,
dass dir etwas fehlt?
Dass dir dies und das zu deinem Glück fehlt?
Ein bisschen Liebe, ein bisschen Aufmerksamkeit,
ein bisschen Achtung, ein bisschen Sicherheit,
ein bisschen Geld?
Warum suchst du ständig nach dem, was dir „fehlt"?
Warum suchst du danach im Außen,
wenn du es doch in dir selbst finden kannst?
Höre auf, im Außen zu suchen,
verschwende nicht deine kostbare Zeit.
Komme vielmehr in dir selber an,
erschließe dir deine eigene Quelle
und du wirst alles finden, was du suchst.
Alles, ohne Ausnahme.
Du glaubst es nicht?
Dann wende dich nach innen,
finde heraus, was es in dir alles zu entdecken gibt,
finde den unendlichen Reichtum,

den du in deiner eigenen Quelle finden kannst.
Und du wirst staunen über die Fülle,
du wirst staunen über den unendlichen Reichtum in dir selbst.
Und wenn du in dir selbst genug gefunden hast,
wenn du an dir selbst genug hast,
dann, und erst dann,
kannst du wirklich teilen aus deinem Herzen,
ohne die Angst, vielleicht doch nicht genug zu bekommen,
ohne die Angst, vielleicht doch zu kurz zu kommen.
Und dann wird dein Reichtum überquellen,
du wirst so viel mehr erhalten,
als du selbst für dich nehmen kannst.
Dann erst hast du mehr als genug,
dann erst bist du wirklich reich
an dir selbst.

# Warum lebst du?

Warum lebst du?
Wozu?
Warum?
Hast du eine Antwort auf diese Frage?
Um dich zu quälen, zu plagen?
Wozu?
Was willst du erreichen in deinem Leben?
Anerkennung, Lohn und Ruhm?
Wofür?
solltest du dich einmal fragen.
Was bringt es dir denn, Ruhm zu erlangen?
Wirst du damit glücklich sein?
Was ist dir wirklich im Leben wichtig,
in deinem stillen Kämmerlein?
Dort, wo der Ruhm dich nicht finden kann,
wo du allein bist mit dir selbst,
bist du da glücklich, dann und wann?
Wenn nicht, solltest du dich fragen,
was deine wahren Ziele sind.
Vielleicht Zufriedenheit, innerer Reichtum,
im Frieden sein mit dem inneren Kind.
Heil sein in dir, keine Wunden mehr spüren,
den Schmerz überwinden, der dich so oft quält.
Könnte es *das* sein, wonach du suchst?

Wie kannst du es finden? fragst du dich.
Frage dein Herz, lausche und fühle
und lasse dich führen in deinem Sein,
ohne Erwartung, ohne Leistung,
und lasse dich auf dich selbst ganz ein.
Fühle dein Sein im Hier und Jetzt
in deinem Herzen,
in diesem Moment,
und fühle und sei
verbunden mit dir
und allem, was ist,
und fühle den Frieden,
die Freiheit in dir.
Und hast du dich erst einmal selber gefunden,
findest du alles andere in dir,
auch den Sinn deines Lebens,
dem Verstand nicht erklärbar,
doch fühlbar in dir.
Und dann lebe
aus dir
und genieße dein Leben,
in jedem Moment
in deinem Sein.

# Was schmerzt dich?

Was schmerzt dich?
Wo tut es dir weh?
Fühle und analysiere nicht.
Fühle den Schmerz,
geh in ihn hinein,
um ihn auszuloten, ihn kennenzulernen,
von innen, ihn ganz zu erfassen.
Fühle und denke nicht dabei,
denn das Denken lenkt dich nur ab.
Mit dem Verstand
bleibst du nicht im Moment
und kannst nicht wirklich fühlen, was ist.
Verstehen kannst du es sowieso nicht,
also lass es und fühle im Jetzt.
Hüte dich jedoch davor,
im Schmerz zu schwelgen,
dich hineinzusteigern,
dich zu bedauern als armen Wicht.
Darum geht es nicht.
Es geht nur ums Fühlen
und um mehr nicht.
Das ist auch genug.
Es fordert dich ganz,
mit deiner ganzen Aufmerksamkeit,

mit deiner ganzen Achtsamkeit
dem Schmerz gegenüber,
der in dir ist.
Und wenn du ihn fühlst,
ganz in ihm bist,
dann danke ihm,
dass du ihn fühlen kannst.
Denn nur so kann er gehen,
nur so wirst du frei,
indem du ihn annimmst,
statt ihn zu vermeiden.
Denn wisse:
Etwas, das Teil ist von dir,
das zu dir gehört,
kannst du nicht verleugnen.
Erst wenn du es wahrnimmst,
es anerkennst,
kann es heilen
und du mit ihm.

# Gewaltiges wird sich ändern

Gewaltiges wird sich ändern,
gewaltige Veränderungen stehen an.
Doch müssen sie nicht mit Gewalt geschehen.
Es geht nicht mehr darum, euch selbst zu vergewaltigen,
euch anzutreiben zu noch mehr Leistung.
Nein, darum geht es wahrlich nicht!
Es geht darum, euch selbst zu fühlen,
und das mag für manche Gewaltiges sein.
Sich all dem zu stellen, das lange verdrängt war,
eingeschlossen, tief im Innern versteckt,
ist ein gewaltiger Schritt für viele,
der Angst macht und nicht selten verschreckt.
Doch wollt ihr euch wirklich weiterhin plagen,
Leistung erbringen, ohne zu klagen,
Leistung, die „man" von euch verlangt?
Wollt ihr das wirklich, euch selbst verleugnen,
Dinge tun, die ihr nicht wirklich tun wollt?
Dann hört auf, euch Gewalt anzutun
und euch zu verstecken, euch nicht zu zeigen
mit dem, was ihr wirklich in euch fühlt.
Wagt einmal, die Wahrheit zu fühlen,
in euch selbst, in eurem Sein.
Haltet inne und fühlt, fühlt all die Pein,
fühlt all die Wut, die seit Jahren schon tobt

in euch, tief in euch, fühlt den Vulkan.
Und bringt zum Ausdruck, was in euch schwelt,
bevor es zerstört, euch Gewalt antut.
Denn euer Körper fühlt all die Pein
und rebelliert, wie ihr wisst, doch die „Zipperlein"
werden von euch nicht wirklich gefühlt,
sie werden bekämpft, mit Pillen „kuriert",
bis euer Körper gänzlich streikt.
Dann seid ihr gezwungen, zu fühlen.
Dann beginnt ihr zu fragen: Musste das sein? Nein!
Hier und heute könnt ihr fühlen,
euch dem stellen, was in euch ist.
Und Gewaltiges wird sich ändern,
in euch und um euch.
Doch habt keine Angst:
Mit jedem Fühlen geht Befreiung einher
und innerer Friede zeigt sich mehr und mehr.
Und je mehr ihr euch in euch selber befreit,
befreit ihr auch andere, befreit sie von Leid.
Denn je freier ihr seid, in Wahrhaftigkeit,
desto freier lasst ihr andere sein.
Und je mehr ihr wirklich ihr selber seid,
frei von Angst, von Wut, von zerfressendem Neid,
könnt ihr euch aneinander erfreuen
und genießen, was ihr in Wahrheit seid:
Göttliche Wesen mit göttlicher Liebe
in Einheit verbunden
allezeit.

# Verbundenheit

Verbundenheit,
dich will ich fühlen
Tag und Nacht,
zu allen Momenten meines Sein,
denn dann bin ich niemals mehr allein.
Dann bin ich getragen, umfangen, geborgen,
erwarte getrost im Heute das Morgen
und kann mit mir selbst zufrieden sein.
Dann muss ich nicht mehr hasten und eilen,
denn ich kann im Augenblick verweilen
und genießen, wo immer ich bin.
Und ich fühl tief in mir die Wahrheit,
dass ich niemals alleine bin,
dass ich auch niemals alleine war,
wie der Verstand mich glauben machte,
und nicht kämpfen muss, wie ich dachte.
Nur die Verbundenheit ist wahr,
entspricht der Wahrheit in meinem Sein.
Alles andere ist nur Schein.
Wir scheinen nur getrennt zu sein,
und sind doch wirklich im Herzen verbunden,
verbunden mit allem, was es gibt.
Und haben wir diese Wahrheit gefunden,
können wir leben, wie's uns beliebt.

Allein, zu zweit, mit vielen gemeinsam,
wir wissen einfach, wir sind nie einsam,
nie wirklich allein in der Einheit des Seins.
Dank sei dir Gott für dieses Wissen,
für diese Erkenntnis der Wahrheit in mir.
Oh, ich möchte sie niemals mehr missen,
diese Verbundenheit
in dir.

# Du bist geliebt

Du bist geliebt, mein Kind,
immer und ewig in deinem Sein.
Darum fühle dein Herz,
öffne es weit, lade die göttliche Liebe ein.
Öffne dich weit und weiter noch.
Denke nicht, fühle, spüre die Liebe,
fühle das Licht, das dich erfüllt,
das dich durchstrahlt,
jede Zelle in dir,
und dich erhebt und dich befreit
von den Gedanken, die du denkst.
Wenn du *nur* fühlst, ganz bei dir bist,
musst du nicht denken, dann hast du Ruh,
Ruhe im Herzen, Ruhe im Sein.
Nichts kann dich stören.
Alles ist Ruhe, ist pures Sein.
In diesem Sein kannst du fühlen, mein Kind,
was deine wahren Wurzeln sind.
Du bist göttlich,
bist weit mehr, als du denkst.
Darum denke nicht,
sondern spüre die Wahrheit,
und du weißt tief in dir:
Du bist unendlich, bist göttliches Wesen,

verbunden mit allem,
mit göttlicher Liebe in deinem Sein.
Zweifle nicht, sondern fühle in dir,
öffne dich weiter und gib dich hin,
ohne Erwartung, ohne Gedanken
und fühle, fühle dein
ICH BIN.
Und dann danke von Herzen
für deine Macht in deinem Sein,
doch gib acht,
dass du im Herzen verbunden bist,
in deinem Sein mit allem, was ist.
Und herrsche, mein Kind,
aus deinem Herzen,
aus deinem
ICH BIN.

# Freude

Tiefe Freude erfüllt mein Herz.
Alles ist leicht und wunderbar.
Aus meinem Herzen könnte ich jubeln
und danken zugleich
für all das Schöne, das mich umgibt,
das mich begleitet und vor mir liegt,
für die Begleitung durch himmlische Wesen,
für die Liebe, die mir geschenkt wird,
ohne Bedingung.
Was kann das Leben wunderbar sein,
wenn man im Herzen geöffnet ist
und all das Schöne sehen kann,
das uns umgibt.
Sieh all das Schöne, das dich erhebt,
lobe und preise die Schönheit der Welt,
und du wirst sehen:
Auch du wirst schöner
mit all dem Schönen, das du erkennst.
Denn all das Schöne berührt dein Herz,
berührt dein Sein,
wenn *du* es berührst aus deinem Herzen
und es erkennst als das, was es ist:
Ausdruck der Liebe,
der Liebe des Einen.

Darum juble, mein Herz,
genieße die Schönheit und fühle in dir
deine eigene Schönheit
des göttlichen Wesens,
das du bist.

# Mut

Was ist Mut?

Mutig ist der,
der vieles wagt,
der sich einlässt,
der nicht verzagt
angesichts all der Schwierigkeiten,
die die „Umstände" ihm bereiten.
Mutig ist der,
der fühlt und nicht flieht
vor dem, was ist,
der genau hinsieht
und sich den Gefühlen in ihm stellt.
Er ist nicht der klassische „Held",
der keine Angst hat und alles schafft.
Nein, denn er bezieht seine Kraft
dadurch, dass er wahrhaftig lebt
und sich durch sein Fühlen darüber erhebt,
was in ihm versteckt ist,
die alten Wunden,
die so viel Kraft in ihm gebunden.
Wer sich jedoch durch sein Fühlen befreit,
befreit sich auch von altem Leid
und ist fürderhin frei,

um wirklich zu leben
und von seiner Wahrheit all denen zu geben,
die noch im Leiden gebunden sind.
Wer mutig ist,
zu sein wie ein Kind
und sich in seinem Sosein zu geben,
der erst kann seine wahre Kraft leben,
indem er, ohne sich selbst zu verneinen,
sich ganz und gar hingibt dem Willen des Einen,
der göttlichen Liebe
in seinem Sein.

## Mein Herz, was sagst du?

Mein Herz, was sagst du?
Höre, mein Kind,
entspanne dich und lausche.
Fühle tief in mich hinein,
fühle einfach und denke nicht,
fühle, was ich dir zu sagen habe,
und lasse es fließen, so wie es kommt.
Bewerte nicht, hadere nicht, fühle nur,
fühle und lausche im Moment.
Halte deinen Verstand zurück,
er stört doch nur, der arme Wicht,
der sich so oft so wichtig nimmt
und im Grunde so wenig versteht.
Fühle nur und folge mir,
lasse dich einfach auf mich ein,
lasse dich führen in deinem Fühlen
und du wirst sehen:
Erst mit dem Fühlen erreichst du viel,
kommst du den Dingen auf den Grund,
auch dir selbst, mein Kind.
Und dann kannst du sein aus deinem Herzen,
kannst fließen lassen aus deinem Sein.
Und du wirst die Herzen der Menschen berühren.
Sie werden es fühlen, dass es *dein Herz* ist,

das zu ihnen spricht, nicht dein Verstand,
und sie werden sich öffnen.
Glaubst du es nicht?
Dann probiere es aus,
und du wirst staunen ob der Wirkung,
die dein Herz erzielen kann,
ohne Erwartung
an dich und die anderen,
nur ganz einfach
aus deinem Sein.

# Einklang

Bist du im Einklang mit dir selbst?
Oder verursachst du Misstöne?
Wo singst du gegen die Hauptmelodie deines Lebens an?
Wo reihst du dich nicht ein in die Harmonien deines Lebens?
Manche Dissonanzen machen die Würze deines Lebens aus.
Viele jedoch sind unnötiger Missklang, den du erzeugst,
wenn du nicht mit dir selbst auf einer Wellenlänge schwingst,
wenn du versuchst, im Außen Harmonien zu erzeugen,
die nicht zu deinem Grundton passen,
wenn du nicht mit dir selbst im Einklang bist.
Um mit dir selbst stimmig zu sein,
musst du jedoch zunächst lauschen.
Sonst kannst du die Unstimmigkeiten in deinem Leben nicht
wahrnehmen,
sonst kannst du nicht hören,
welches deine Melodie ist
und welches deine Harmonien sind.
Erst wenn du mit dir selbst im Einklang bist,
kannst du auch mit der Welt im Einklang sein.
Erst wenn du in dir selbst stimmig bist,
kannst du dich auf die Welt einstimmen.
Ein großes Orchester kann erst wunderbare Musik produzieren,
wenn alle Instrumente gestimmt sind,
wenn sie in sich selbst stimmig sind.

Dann erst gibt es einen reinen Klang,
sowohl bei dem einzelnen Instrument als auch im Ganzen.
Darum lausche zunächst tief in dich hinein.
Finde deinen Ton,
finde deine Harmonien,
finde deine eigene Grundschwingung in deinem Leben,
und dann kannst du mitklingen
im großen Orchester des Lebens,
ohne Missklänge zu erzeugen,
dann kannst du beitragen zu einer himmlischen Musik,
die die Gleichschwingung alles Seienden
in der großen Melodie des Lebens zum Ausdruck bringt.
Und dann kannst du deinen wahren Ton zum Klingen bringen,
dann kannst du *deinen* wunderbaren Ton zum Klingen bringen
im großen Orchester des Lebens.
Denn wisse:
Erst wenn alle Stimmen im großen Orchester rein und klar zu
hören sind,
ergibt sich der große heilsame Klang des Ganzen
von allen für alle
in der Gemeinschaft und Einheit
alles Seienden.

# Zufriedenheit

Bist du zufrieden
im Hier und Jetzt?
Bist du im Frieden mit dir selbst?
Nein?
Wo bist du?
frage ich dich.
Wo hältst du dich auf?
Wo streunst du umher
mit deinen Gedanken?
Was willst du haben, was erreichen?
Was meinst du, wo die Zufriedenheit wohnt?
In Luxuspalästen, in Titeln, im Geld?
Da täusche dich nicht.
Zufriedenheit kannst du dort nicht erlangen,
auch nicht für alles Geld der Welt.
Zufriedenheit wohnt in deinem Herzen,
unabhängig von Leistung und Ruhm.
Zufrieden kannst du überall sein,
auch im kleinsten Kämmerlein,
wenn du mit dir selber im Frieden bist,
wenn du annehmen kannst, was ist,
wenn du nicht mehr zweifelst, haderst und grollst,
dich nicht mehr beschwerst, was du noch tun sollst,
sondern im Augenblick verweilst.

Höre auf, in der Zukunft zu suchen,
was du dort nicht finden kannst.
Schau in dein Herz, beginne zu fühlen,
stelle dich dem, was in dir ist.
Und wisse, mein Kind,
mit jedem Fühlen
kommst du dem näher, was du suchst:
dem *Annehmen-können* im Augenblick.
Das ist das Geheimnis des Friedens in dir.
So kommst du zur Ruhe,
so geschieht Heilung
in jedem neuen Augenblick.
Und dann wirst du spüren:
Ich bin zufrieden,
mein Gott, was habe ich für ein Glück.

# Wunder, o Wunder

Wunder, oh Wunder
meines Lebens,
ich kann es nicht fassen,
kann es nicht greifen,
wage es kaum zu glauben:

*Ich* soll gemeint sein?
Ich, der ich nichts glaubte,
der ich doch alles und jedes analysierte,
in Frage stellte, hinterfragte?
Ich, der ich festgefügte Glaubenssätze hatte
in meiner wohlgefügten Welt
voller „Sicherheiten"?

Wie kann das sein?
War ich so blind,
so arm an Vertrauen,
so arm an Glauben?
Ich meinte doch,
alles zu wissen,
alles „richtig" zu machen.

Und nun?
muss ich erkennen:

Es gibt so viel mehr,
als ich erahnte..

Wunder, o Wunder
meines Lebens.
Nun kann ich fühlen,
fühlen und wissen,
mit meinem Herzen,
nicht dem Verstand.
Und dieses Wissen ist so viel tiefer,
reicher und schöner.

Dank sei dir, Herr,
aus meinem Herzen,
aus meinem Sein,
dass ich dich fühlen kann,
in meinem Herzen,
in meinem Sein.

# Ich entscheide

*Ich* entscheide.
Darf ich das?
Ist das erlaubt?

Wer verbietet es dir?

Ich bin es nicht gewohnt zu entscheiden,
das haben andere für mich getan.
Ich hab mich gefügt,
hab mich selbst verleugnet,
wollte gefallen, nicht abgelehnt sein.
Ich wollte den Schmerz nicht mehr ertragen,
wollte den anderen nahe sein.
Und so hab ich mich verleugnet,
wollte nicht ich selber sein.
Und dann hab ich vergessen, wer ich bin,
habe vergessen, was ich hier wollte,
hab funktioniert, habe geleistet,
versucht zu gefallen, um geliebt zu sein.
Habe vergessen, mich zu fühlen,
mir meine Bedürfnisse einzugestehen.
Doch die lodern noch in mir,
und es ist Zeit, sie nun zu fühlen,
um endlich zu leben, so wie ich will,

um das zu leben, was in mir ist,
mein Potenzial, meine Fähigkeiten,
das, was mir Spaß macht und Freude bringt,
nicht nur mir, sondern auch den anderen.
Denn wenn ich wirklich ich selber bin,
mit allem, was ich kann und bin,
bin ich ein Segen für diese Welt.

So lebe, mein Kind, wie's dir gefällt.
Nimm unsere Liebe, unseren Segen
und schreite voran,
nimm deine eigene Göttlichkeit an.

# Ode an die Freude

Oh, juble mein Herz,
tanze und singe, singe
von der Liebe des Einen,
der dich berührt,
der dich versorgt,
der dich geleitet.
Singe und jauchze
in der Gewissheit der Einheit,
der Verbundenheit mit der göttlichen Liebe,
die dich versorgt,
die dich berührt,
zärtlich umfängt und durchstrahlt.
Fühle die Liebe,
fühle die Kraft,
die sie dir schenkt,
fühle das Licht,
das dich durchdringt
und dich erhellt.
Singe und tanze
und lebe die Freude,
die dich erfüllt.
Fühle, mein Herz,
und sei dir gewiss:
Freude ist es,

die dir die Kraft zum Leben verleiht,
Freude ist es,
die dich erhält,
die deine Schritte erleichtert.
Darum fühle die Freude,
juble und jauchze,
zeige sie, lebe sie,
halte nichts zurück.
Und die Freude in dir
wird zur Quelle für andere,
die sie erlabt und ihnen zeigt:
Leben ist Freude,
Freude im Herzen,
komm, stimm mit ein,
juble und jauchze
und lebe in Gott.

# Begeisterung

Kennst du die Begeisterung, die dich erfüllt?
Die dich antreibt, dich vorwärtsdrängt,
ganz mühelos?
Diese Kraft in dir,
die alles in dir dazu bringt,
dich zu öffnen, mitzuteilen, zu teilen mit anderen?
Kennst du sie?
Fühlst du sie?
Oder hast du sie vergessen?
Ist sie eingeschlafen,
eingeschläfert von der Monotonie deines Lebens?
Vergraben unter dem Schutt deiner Belastungen,
der Leistungen, die du erbringen musst, um anerkannt zu sein?
Wie aber willst du Leistungen erbringen ohne Begeisterung?
Wie willst du andere von deiner Leistung begeistern,
wenn du selbst nicht begeistert bist?
Wenn es dir an dem Geist mangelt,
der alles beseelt, auch die „geringste" Arbeit?
Wie willst du leben ohne Begeisterung?
Wie atmen, ohne den Geist, der auch dich beseelt?
Halte inne, mein Freund, halte inne
und beginne zu atmen, ganz bewusst:
Atme ein – und aus,
ein – und aus

und beginne zu fühlen,
wie der Atem dich wieder beseelt,
wie er dich wieder erweckt zum Leben,
wie er dich füllt mit Geist,
mit Seinem Geist,
der dich begeistert,
dich die Begeisterung wiederentdecken lässt,
wieder fühlen lässt.
Atme und fühle, atme und fühle
und lasse dich wiedererwecken zum Leben.
Und lebe, lebe den Geist in dir,
hauche ihn deinen Taten ein,
und du wirst begeistern
aus deinem (Seinem) Geist.

# Gelassenheit

Bist du gelassen?
Kannst du lassen?
Geschehen lassen, was geschehen will?
Oder macht dir das Angst,
geschehen zu lassen, zuzulassen,
was geschehen will?
Angst, keine Kontrolle mehr zu haben,
ausgeliefert und wehrlos zu sein?
Meinst du, du wüsstest doch viel besser,
was für dich das Richtige ist?
Meinst du, du müsstest kontrollieren,
was in deinem Leben geschieht?
Hast du Angst davor loszulassen,
Angst vor dem, was dann geschieht?
Angst, dich einfach treiben zu lassen,
im Strom das Lebens mitzuschwimmen,
in dem Vertrauen, dass er dich trägt?
Was kann dir geschehen, wenn du lässt,
wenn du geschehen lässt, was kommt?
Gehst du dann unter, musst du dann sterben?
Verlierst du dann alles, was du hast?
Was hast du denn, was es lohnt, zu behalten?
Was bist du denn, du armer Wicht,
solange du alles kontrollierst

und Angst hast, dass du etwas verlierst?
Gefangen bist du in deiner Angst,
armselig und klein, und fühlst dich allein
mit allem, was du bist und hast.
So sieh doch, was du in Wirklichkeit bist!
Ein göttliches Wesen, geliebt und getragen
von der göttlichen Kraft, die alles erhält,
die dich versorgt und dich geleitet
in jedem Augenblick deines Seins.
Ihr kannst du alles überlassen,
ihr kannst du dein Leben anvertrauen,
und du wirst sehen, du wirst gelassen,
je mehr du im Leben lassen kannst.
Je mehr du dich hingibst in dem Vertrauen,
dass die göttliche Kraft in dir dich erhält,
desto kraftvoller wirst du
und desto mehr gelingt dir,
desto mehr gelangt zu dir ganz von selbst.

# Liebe

Liebe, was heißt das?
Weißt du das?
Weißt du wirklich, was es bedeutet?
Welche Klischeevorstellung hast du?
Die aus Hollywoodfilmen mit Happy End?
Die aus dem Leben, das du kennst,
wo Liebe so oft verwechselt wird
mit Haben-wollen,
mit abhängig sein,
mit abhängig machen,
mit Zwang und Gewalt?
Oder träumst du vom Prinzen,
der dich erlöst,
der dich befreit aus der bösen Welt
und dich ins Paradies entführt?

Nun, liebes Kind,
wenn du das denkst,
weißt du nichts von der Liebe,
die dich erhält.
Liebe ist,
sie erwartet nichts.
Sie gibt sich selbst, aus sich selbst heraus,
ohne Bedingung, ohne Verträge.

Sie fließt ganz einfach ohne Ziel.
Sie berührt, was dafür offen ist.
Sie heilt, ohne Lohn zu verlangen,
sie gibt, ohne zu hinterfragen.
Sie ist, aus sich selbst, und hört nie auf.

Auch du bist Liebe in deinem Sein.
Denn ohne Liebe wärst du gar nicht,
könntest du nicht sein.
Du zweifelst?
So fühle dein Herz,
bitte es,
sich zu öffnen, und fühle.
Und du wirst wissen,
was Liebe ist.

# Suche

Was suchst du?
Du weißt es selber nicht?
Wo suchst du?
Im Außen oder wo?
Wo willst du hin?
Du weißt es nicht?
Ja, warum suchst du dann, mein Kind?
Ich weiß nicht,
es gibt etwas in mir,
das sucht,
das nicht zu Hause ist,
das weiß, dass da noch etwas ist,
was ich noch nicht gefunden habe.
Es fehlt etwas,
ich weiß nicht was,
doch es ruft mich ohne Unterlass
und treibt mich fort von diesem Ort,
doch find' ich's nicht,
nicht hier, nicht dort ...
Dann höre auf zu suchen, mein Kind,
und komme an in diesem Moment,
im Hier und Jetzt an diesem Ort
und laufe nicht mehr länger fort.
Denn was du suchst, mein Kind, ist hier

im Hier und Jetzt,
und zwar in DIR.
Du glaubst es nicht?
Dann fühle,
fühle tief in dich hinein,
atme tief, lasse dir Zeit,
lasse alle Gedanken ziehen,
halte nichts fest,
atme – und fühle
tief in dein Herz
und lausche:
Hörst du die Stimme tief in dir,
in deinem Herzen, in deinem ICH BIN?
Dort findest du Antwort auf all deine Fragen.
Dort findest du, was du suchst, mein Kind.
Dort bist du zu Hause,
dort bist du bei dir,
und bist doch verbunden mit allem, was ist.
Dort komme an
und sei
in dir.

# Erfolg

Was ist Erfolg?
Willst du Erfolg?
Wozu?
Wen willst du beeindrucken?
Dich selbst?
Wer soll dich bewundern?
Bist du dir sicher,
dass du die Bewunderung auch annehmen kannst,
die du dir so sehnlich erhoffst?
Kannst du dich selbst bewundern
als das Wunder, das du bist,
als das wunderbare, göttliche Wesen, das du bist?
Wie willst du die Bewunderung durch andere genießen,
wenn du dich nicht selbst bewundern kannst?
Was hält dich davon ab?
Der Glaubenssatz, dass du bescheiden zu sein hast?
Dass du dich nicht in den Vordergrund spielen darfst,
wenn du ein liebes Kind sein willst?
Fühle einmal, wie Bewunderung sich anfühlen könnte?
Kannst du sie fühlen?
Kannst du dich als ein Wunder wahrnehmen?

Stelle dich auf die Bühne deines Lebens,
fühle und sei, ganz wie du bist,

und du verdienst Bewunderung
ganz allein durch dein Sein.
Bewundere dich selbst für alles, was du bist.
Du hast es verdient, bewundert zu werden.
Du hast es verdient, Erfolg zu haben.
Du hast es verdient, erfolgreich zu sein,
reich an Erfolg durch dein Sein.
Darum sei
und genieße
den Erfolg deines Seins
aus dir.

# Reichtum

Reichtum, was ist das?
Das hätte ich gern.
Reich sein, was ist das?
Na, weißt du das nicht?
Reichtum steckt in dir,
du hast es bereits.
Wo denn?
*Ich* habe doch nichts.
Ich habe auch noch nie was gehabt.
Das ist wohl so und wird sich kaum ändern.
So sieh doch, du hast doch alles in dir.
Was redest du da? Was meinst du denn?
Du meinst, ich sei reich?
Da musst du dich täuschen,
ich habe nichts.
So sieh doch, was du bereits alles hast.
Erkenne, was du alles vermagst.
Ich kann doch nichts, nichts Besonderes.
Was ich schon kann, das kann doch ein jeder.
Ja, siehst du denn nicht, was du wirklich vermagst?
All deine Talente, die sind dein Vermögen,
das, was dich ausmacht, dich ganz allein.
Du musst sie nur zu nutzen wissen.
Wie, sage mir, mache ich das denn?

Erkenne deine Gaben an,
als Gaben des Einen,
des Schöpfers in dir.
Achte sie, danke, dass du sie hast,
und gib sie weiter aus deinem Herzen,
berühre die Welt mit deinen Talenten
und mache sie reicher mit deinen Gaben,
die dir dafür gegeben sind.
Und durch dein Geben kannst du empfangen,
und du wirst reicher, je mehr du gibst,
reich an Freude und an dem Verlangen,
noch mehr zu geben von dem, was du liebst.
So wirst du reich und reicher werden
im Geben dessen, was du vermagst.
Das ist der Reichtum, der dir gegeben.
Das ist das Vermögen, das du bereits hast.
So lebe es, statt dich zu vergleichen
mit dem, was ein anderer vermag.
Lasse dir lieber zum Wohle gereichen,
was *du* vermagst,
und danke für alles,
was du bereits hast.

# Freiheit

Freiheit,
dich suche ich,
dich will ich fühlen
ohne Ketten,
ohne Beschränkungen.
Frei will ich sein in meinem Fühlen,
frei von alten Verletzungen,
die mich in der Vergangenheit halten,
die mich behindern,
ich selbst zu sein in meiner Essenz,
in dem, was mich ausmacht in meinem Sein.
Doch davor stehen meine Gefühle,
die ich verstecke,
die mich erschrecken,
die ich am liebsten verbannen würde
auf immer und ewig.
Nie wieder leiden, war meine Devise,
haltet euch fern, kommt mir ja nicht zu nah.
Doch sagt mir,
dass ihr mich liebt und mich achtet,
damit ich nicht leide, nicht einsam bin.
Doch wie kann ich eure Liebe fühlen,
wenn ich mein Herz nicht geöffnet habe?
Wenn ich mich schütze vor alten Schmerzen,

halte ich auch die Liebe fern.
Ich will versuchen, mich zu öffnen,
um eure Liebe immer wieder zu spüren.
Das kann mir helfen, mich selbst zu befreien
von alten Schmerzen, von alter Pein,
indem ich fühle, mich all dem stelle,
was in mir schmerzt.
Ich öffne mein Herz
und empfange
und fühle
und heile
und werde frei.
Dann kann ich leben,
dann kann ich lieben
ohne Bedingung.
Dann bin ich frei.

## Fühle und lasse Heilung geschehen

Fühle,
fühle tief in dein Herz,
spürst du den Schmerz?
Kennst du ihn?
Ist er dir nicht altvertraut,
altvertraut aus Kindertagen?
Fühle ihn, fühle ihn ganz.
Weiche nicht aus,
gehe durch ihn hindurch,
bleibe nicht hängen,
halte dich nicht fest an dem Schmerz,
den du nie mehr fühlen wolltest.
Fühle und lasse Heilung geschehen
nur durch das Fühlen,
das Fühlen im Jetzt,
ohne Beschränkung, ohne Bewertung.
Bleibe im Fühlen im Augenblick.
Du meinst, der Schmerz wird unerträglich?
Fühle dennoch, gib dich ganz hin.
Fühle und sei,
nimm den Schmerz an,
weise ihn nicht mehr zurück.
Öffne dein Herz,
mache ihm Platz, deinem Schmerz,

und er kann heilen,
wenn du ihn ganz annehmen kannst.
Denn wisse, mein Kind:
Nur was du annimmst als Teil von dir,
kann wirklich heilen
und zu dem werden, was es ist:
Teil deiner Ganzheit, Teil deiner Kraft,
Ausdruck der Göttlichkeit
in deinem Sein.
So nimm denn an,
was zu dir gehört,
und erfahre Heilung
in deinem Sein.

# Lasse dich berühren

Lasse dich berühren,
mein Kind.
Verschließe dich nicht,
hadere nicht mit der Welt,
wenn sie dir nicht gibt,
was dir gefällt,
was du haben willst und von ihr forderst.
Fordere nicht, erwarte nichts.
Nimm, was du bekommen kannst
ohne Gewalt, ohne Zwang.
Nimm, was dir gegeben wird
aus freien Stücken, ganz von selbst.
Und gib dir selber, was du brauchst.
Gesteh es dir zu, ohne zu hadern,
ohne zu fragen: Darf ich das?
Habe ich das verdient?
Bin ich es wert, es mir zu geben,
einfach so, nur weil ich es will?
Da liegt der Haken in deinem Nehmen von dem,
was du forderst von der Welt.
Denn wenn du es dir selbst nicht gibst,
es dir selbst nicht zugestehst,
wie sollen die anderen es dir geben,
wenn du es gar nicht annehmen kannst?

Und wenn du dann grollst, dein Herz verschließt,
wen bestrafst du dann außer dir selbst?
Du schneidest dich von der Liebe ab,
die du doch so gern empfangen wolltest.
So öffne dein Herz trotz allem erst recht,
und zwar für dich selbst,
um dir selber zu geben,
bevor du von andern erhalten kannst.
Öffne dein Herz, um nehmen zu können,
was du so gern erhalten willst.
Öffne dich, ohne Bedingung, ganz,
und du wirst empfangen
ohne Bedingung
in Fülle,
sofort,
im Augenblick.
Und dann kannst du geben,
ohne Bedingung,
ohne zu wollen,
von dem,
was du von uns erhältst.

# Es war einmal ein alter Herr

Es war einmal ein alter Herr. Der war sehr einsam und allein. Er hatte sein ganzes Leben lang gerackert und geschuftet, hatte immer darauf gewartet, dass jemand in seinem Leben all seine Arbeit anerkennt und würdigt. Aber niemand hatte ihm den Gefallen getan. Nun war er alt, und er konnte nicht mehr rackern und schuften, denn sein Körper gehorchte ihm nicht mehr wie in alten Zeiten. Die Dinge wurden mühsam für ihn, sehr mühsam, und er mochte gar nicht daran denken, dass er eines Tages nicht mehr in der Lage sein würde, für sich allein zu sorgen.

Was sollte dann aus ihm werden? Wer würde sich um ihn kümmern? Alle anderen waren so sehr mit sich selbst beschäftigt, mit ihrem eigenen Leben, dass sie gar keine Zeit für ihn haben würden. Würden sie es überhaupt mitbekommen, dass er ihre Hilfe brauchte? Sie hatten doch auch all die Jahre nicht bemerkt, wie sehr er auf ihre Anerkennung gewartet hatte, wie hart er gearbeitet hatte. Niemand hatte es bemerkt. Der alte Mann seufzte tief und sank noch tiefer in sich zusammen. Was hatte er denn noch zu bieten? Wenn nicht einmal seine harte Arbeit die Menschen beeindrucken konnte, so konnte die Gebrechlichkeit eines alten Mannes sicher nicht ihre Aufmerksamkeit erregen.

Der alte Mann sinnierte über sein Leben nach. Wozu hatte er all die Jahre geschuftet? Was hatte er erreichen wollen? Ja, was denn nur? Warum hatte er sich so gequält? Was war sein Lohn gewesen? Und da wurde ihm plötzlich klar, was der Irrtum seines Lebens gewesen war: Er hatte sich nicht selbst an seiner Arbeit erfreut. Er hatte sich selbst nicht für seine Leistungen anerkannt. Er hatte immer gemeint, die anderen würden noch mehr von ihm erwarten, und hatte versucht, noch Besseres zu leisten. Und dabei hatte er vergessen, dass es in erster Linie um seine eigenen Gefühle, seine eigenen Bedürfnisse, seine eigene Freude, seine eigene Anerkennung ging.

Und so versuchte er sich noch einmal daran zu erinnern, was er alles in seinem Leben geleistet hatte. Und plötzlich ging ihm auf, dass er selbst es war, der sich die Anerkennung der anderen verwehrt hatte. Er begriff plötzlich, dass er ihr Lob, ihre Wertschätzung gar nicht richtig wahrgenommen, gar nicht an sich herangelassen hatte, da er sie sich selbst nicht zugestehen konnte. Und er beschloss, das augenblicklich zu ändern. Bei allem, was er nun tat, lobte er sich selbst, und freute sich über das, was zu tun ihm noch möglich war.

Und das Wunder seines Lebens geschah: Die Leute schienen ihn freundlicher zu begrüßen, wenn er sie auf der Straße traf, sie beglückwünschten ihn zu seinem rüstigen Aussehen. Sie bedankten sich bei ihm für seine Freundlichkeit, sie freuten sich mit ihm über seine wunderschönen Blumen, wenn sie ihn beim Gießen antrafen. Kurzum, sein Leben – oder besser – sein Lebensgefühl veränderte sich völlig. Er hatte nämlich begonnen, jeden Augenblick seines Lebens bewusst zu leben und zu genießen.

# Gebet

Gottvater,
heiliger Geist,
allmächtiger Gott,
gib mir die Kraft,
mein Herz zu öffnen,
auch wenn es schmerzt.
Gib mir die Kraft,
mich verletzbar zu machen,
auch
wenn der Schmerz
unerträglich erscheint.
Gib mir die Kraft,
mich zu öffnen
meinem Schmerz,
meiner Angst,
um sie ganz fühlen zu können.
Halte mich,
leite mich in meinem Schmerz.
Stärke mich
in der Kraft meiner Liebe
für mich selbst.
Gib mir die Kraft
und den Mut,
mich zu sehen als das,
was ich bin:
ein wunderbares, strahlendes Wesen,
dir gleich
in meiner Größe und Herrlichkeit.
O Allmächtiger,
gib mir
die Kraft
deiner
Liebe.

# Dankbarkeit

Fühlst du Dankbarkeit in deinem Herzen?
Dankbarkeit für alles, was dir widerfährt?
Oder grollst du in deinem Herzen
und bist wütend,
weil es dir widerfährt?
Hältst du fest an deinen Schmerzen
und meinst, die andern seien daran schuld?
Wiederholst du stets in deinem Denken,
was dir „zu Unrecht" widerfahren ist?
Und leidest jedes Mal und wirst noch zorniger?
Was bringt dir das?
Bringt dich das weiter?
Du leidest doch nur,
tust dir selber weh.
Und klagst, dass es die andern sind,
die dich verletzen.
Kannst du denn nicht die Wahrheit sehen?
Nun gut, man hat dir weh getan.
Das mag wohl sein,
doch was geschieht in dir?
Du wiederholst in dir nur alte Schmerzen,
die du aus längst vergangnen Zeiten in dir trägst.
Nun ist es Zeit,
sie in Wahrhaftigkeit zu fühlen

und sie zu heilen
und dich davon zu befreien.
Hör auf, bei anderen das Heil zu suchen,
nur in dir selber kannst du heilen,
wenn du fühlst
und ohne Wenn und Aber annimmst,
was es in dir zu fühlen gibt.
So wirst du frei mit jedem neuen Fühlen
und kannst befreit die Wahrheit sehen:
Was dir in deinem Leben widerfährt,
gibt dir die Möglichkeit zu heilen.
So nimm es an
und heile mehr und mehr.
Und danke, dass du heilen kannst,
sag Dank dem, der es dir ermöglicht,
dass du die alten Schmerzen fühlst.
Und fühle Dankbarkeit in deinem Herzen
für jeden Schritt der Heilung,
den du gehst.

# Verbundenheit mit dem Augenblick

Verbundenheit mit dem Augenblick
im Hier und Jetzt,
das ist der Schlüssel für deinen Erfolg.
Darum erde dich jeden Tag aufs Neue,
achte auf deine Verbindung zur Erde,
pflege deine Wurzeln gut.
So kannst du nicht davon galoppieren
mit deinem Verstand,
sondern bist gezwungen,
im Augenblick zu fühlen,
was es für dich zu fühlen gibt.
So kommst du in Kontakt mit dir selbst,
mit allen Aspekten deiner Person,
die du in diesem Leben bist.
So lernst du dich kennen,
in aller Tiefe,
in jedem Winkel deiner selbst.
Und dann erkennst du,
wer du bist:
ein göttliches Wesen,
verbunden mit allem,
ausgestattet mit göttlicher Macht.
Und dann kannst du leben,
kannst alles erschaffen,

was zu deinem Leben gehört,
kannst alles entscheiden aus deinem Herzen
gerade so, wie es dir beliebt.
Denn du weißt
tief in deinem Herzen,
dass du mit allem verbunden bist,
dass du das, was du *dir* zugestehst,
auch allen anderen zugestehst,
dass du das, was du *dir* erschaffst,
auch für alle anderen erschaffst.
Denn ihr seid eins auf immer und ewig,
verbunden im Herzen
durch euer Sein.

# Geborgenheit

Geborgen in mir, in dir,
in der Einheit des Seins,
verbunden mit allem,
mit mir, mit dir,
im Augenblick,
in diesem Moment,
in der Fülle des Seins
fühl ich mich getragen,
geborgen, geschützt.
Ich weiß, dass ich lebe,
ich weiß, dass ich liebe
und liebend geliebt bin.
Ohne Erwartung, ohne Wertung,
getragen im Sein in mir, in dir,
bin ich verankert in diesem Leben,
bin ich verankert in diesem Moment
und fühle und juble
offenen Herzens
verbunden mit allem
in meinem Sein.
Was kann mir geschehen,
was kann mich bedrohen
in der Verbundenheit mit mir?
Was auch geschieht in meinem Leben,

kann mich nicht trennen von mir selbst
und damit vom Ganzen,
von allem, was ist.
Das ist die Wahrheit, die ich fühle,
die mich berührt in meinem Sein,
die mir die Gewissheit gibt,
dass ich geborgen bin und getragen,
in mir, in dir,
in der Einheit des Seins.
Dank sei dir Herr
für dieses Wissen.
Dank sei dir Herr
in meinem Sein.

# Vergebung

*Ich* soll vergeben?
Wofür denn?
*Ich* habe doch nichts getan!
Man hat *mir* wehgetan.
Man hat mir Unrecht zugefügt.
Ich fühle den Schmerz
und ich fühle die Wut,
die noch in meinem Innern tobt.
Wie soll ich vergeben?
Es tut so weh!
Und es ist unrecht, was man mir getan.

So sieh doch die Wahrheit,
sieh nicht deine Angst.
Sieh die Erfahrung,
die es dir ermöglicht, mehr zu verstehen,
die dich erweitert in deinem Bewusstsein,
die dich trägt zu neuen Ufern,
die dir hilft, dich selbst zu verstehen
und in einem neuen Licht zu sehen,
genau wie den andern, der dir „wehgetan" hat.
Fühl deinen Schmerz,
fühl deine Wut,
fühl deine Angst,

geh durch sie hindurch.
Bitte um Hilfe, wenn du sie brauchst,
deiner Angst zu begegnen,
nicht auszuweichen,
sie ganz zu fühlen
und dich zu befreien.
Und dann fühle den Frieden,
fühle die Weite in deinem Herzen
und fühle die Liebe, die sich zeigt,
wenn du deine Angst überwunden hast.
Denn Angst ist Abwesenheit von Liebe
in deinem Herzen.
Sie nimmt den Platz der Liebe ein
und filtert alles, was du erlebst.
Doch wenn du dich stellst,
die Erfahrung „begrüßt",
weitet sie deinen Herzensraum.
Und dann spürst du die Liebe in deinem Herzen,
die ohne Beschränkung fließen kann
in dir und zum anderen.
Und dann freu dich von Herzen,
fühl die Verbindung in deinem Herzen,
fühle die Liebe, den Frieden in dir
und sei in der Liebe
verbunden mit mir.

# Wahrheit

Was ist Wahrheit?
frage ich dich.
Kannst du sie fühlen?
Oder denkst du sie nur?
Hast du sie erdacht,
sie dir zurechtgelegt,
damit sie dir passt in dein Konzept?
Hast du sie verbogen,
sie angepasst,
damit sie dir passt in deine Sicht?
Oder fühlst du sie wirklich
in deinem Herzen?
Was ist deine Wahrheit?
Passt sie nur dir
oder auch den Anderen?
Fühle einmal, was wirklich ist,
ob es dir passt oder nicht.
Was ist Wahrheit?
Wahrheit ist das, was du fühlst,
das, was für dich stimmig ist
in deinem Herzen, nicht deinem Verstand.
Nur mit dem Fühlen kommst du ihr näher
Schritt für Schritt
in jedem Moment,

dem, was ist, in deinem Sein,
dem, was du fühlst,
nicht warum du es fühlst.
Mit jeder Erklärung läufst du Gefahr,
dich zu entfernen von der Wahrheit,
sie anzupassen an deine Sicht,
und darum geht es wahrlich nicht.
Hör auf zu verdrehen, was dir widerfährt,
fühle es, sei wahrhaftig
vor dir selbst zuallererst.
Fühl in dein Herz,
denn es kennt die Wahrheit
zu jeder Zeit.
Und dann lebe sie,
stehe zu dem,
was du in dir fühlst,
und gehe deinen Weg der Wahrheit
in dem Vertrauen,
dass er dich trägt.

# Du fühlst dich allein?

Du fühlst dich allein?
Von allen verlassen?
Das bist du nicht.
Du bist niemals allein,
niemals verlassen.
Darauf kannst du dich verlassen
zu jedem Zeitpunkt deines Lebens.
Du bist Teil des Ganzen,
bist all-eins mit dem göttlichen Geist,
der dich beseelt.
Glaube nicht deinem Verstand,
der dich glauben machen will,
dass du allein bist.
Öffne stattdessen dein Herz ganz weit,
atme tief, lasse dich ein.
Und lade uns ein,
dich dir fühlbar zu machen,
damit du uns spüren kannst
in deinem Herzen.
Öffne dich, fühle,
fühle die Liebe,
fühl dich geborgen in deinem Sein.
Wir sind allzeit für dich da,
und dein Wille ist uns Befehl.

Denn wir warten nur darauf,
dass du uns einlädst in dein Herz,
dass du uns fühlst in deinem Herzen.
Lasse dich erfüllen, mein Kind,
lasse dich umfangen, mein Kind.
Nimm unsere Liebe auf,
lasse dich heilen,
dich zärtlich wiegen
und genieße all die Liebe,
die wir dir geben.
Doch wenn du dein Herz verschlossen hältst,
kann unsre Liebe dich nicht erreichen.
Darum öffne dein Herz,
danke für unsere Gegenwart,
und du wirst sie fühlen
in deinem Herzen
zu jeder Zeit.

# Heilen willst du?

Heilen willst du?
Das ist gut.
Was willst du heilen?
Dich selbst? Die Welt?
Überlasse die Welt sich selbst.
Fange bei dir selber an.
Beginne zu fühlen,
fühl deinen Atem,
nimm dich selbst wahr
mit liebendem Blick.
Verurteile nicht und hadere nicht.
Fühle den Schmerz, wenn er sich zeigt.
Leih ihm dein Ohr, sei ganz für ihn da,
doch verliere dich nicht in ihm
als armes Opfer der bösen Welt.
Fühl deinen Atem, lausche ihm,
fühl, wo es eng ist, wo es blockiert,
wo der Atem nicht fließen kann
ohne Beschränkung,
ein – und aus
ein – und aus.
Lasse es fließen in deinem Leben,
halte nichts fest.
So wie der Atem frei sein muss,

um fließen zu können,
um dich zu versorgen,
so lasse alles in dir frei.
Lasse es fließen, halte nichts fest.
Lasse alles Alte los,
alles, was nicht mehr zu dir gehört,
lasse es gehen in dem Vertrauen,
dass du erst empfangen kannst,
wenn du leer geworden bist.
So lasse los,
und dann empfange
mit offenem Herzen
und heile.
Heile
und werde ganz
du selbst.

# Erkenne deine Gaben an

Gefangen bist du in dir selbst,
wenn du dir keinen Glauben schenkst.
Wenn du dir kein Vertrauen schenkst
und dich im Außen orientierst.
Wenn du voll Angst dich ständig fragst,
ob dies wohl reicht und das wohl stimmt,
ob man dich mag, ob man dich schätzt,
ob du genug zu bieten hast.
So wirst du Opfer deiner Welt,
gibst deine Macht an andere ab,
verleugnest dich und machst dich klein.
Und siehst dich nicht und schätzt dich nicht
für das, was du zu bieten hast.
Wie sollen andere dich schätzen,
wenn du dich selbst nicht schätzen kannst?
Wenn du dich selbst nicht anerkennst
für deine Gaben, die du hast?
Wie sollen andere sie denn sehen,
wenn du sie voller Angst versteckst
und meinst, sie seien doch nichts wert?
Das, was dir leicht fällt,
was dich freut,
ist das, was du zu geben hast.
Hör auf, dich selber zu verleugnen,

erkenne deine Gaben an
und lebe sie, dir selbst zur Freude
und zur Bereicherung der Welt.
Die Welt kann nur noch reicher werden,
wenn jeder seinen Reichtum lebt.
So fange an, ihn nun zu leben,
bereichere die Welt durch dich.
Gib dich mit allen deinen Gaben,
vertraue dir und deinem Wert
und gib, was du zu geben hast.
Und du wirst sehen:
Mit jedem Geben deiner Gaben
erhältst du mehr noch, als du gibst.
Du kannst dich stets nur reicher geben
wenn du dich selbst wahrhaftig lebst.

# Das Geschenk

„Mein lieber Herr, wie hätten Sie es denn gern?" fragt die Verkäuferin.

„Oh, wenn Sie es mir einpacken könnten, das wäre schön."

„Ja, wie soll ich es Ihnen denn einpacken?"

„Mit buntem Papier und mit einer großen Schleife, bitte."

Die Verkäuferin sieht den Mann ein wenig verwundert an. Er steht da wie ein kleiner Junge kurz vor Weihnachten, mit leuchtenden Augen und einem seligen Lächeln um seinen Mund. Sie beginnt sich zu fragen, was diesen Mann dazu bewegen könnte, so von innen heraus zu strahlen. Und so fragt sie ihn scheinbar beiläufig: „Und für wen soll es denn sein, das Geschenk?"

„Das ist für mich", antwortet ihr der Herr strahlend.

Die Verkäuferin schaut noch verwunderter. Sie sieht das Geschenk an, dann den Herrn, dann wieder das Geschenk und kommt aus dem Wundern gar nicht mehr heraus. Merkwürdig, denkt sie. Es gibt schon komische Leute. Aber sie beginnt, das Geschenk einzupacken, wie es der Herr gewünscht hat. Irgendetwas veranlasst sie, ganz langsam einzupacken. Sie möchte mehr erfahren, sie versteht nicht, warum der Herr so strahlt und warum er sich selbst ein Geschenk machen will und das Geschenk auch noch mit buntem Papier und großer Schleife eingepackt haben möchte. So beginnt sie ganz beiläufig ein Gespräch mit ihm:

„Kaufen Sie öfter bei uns ein?"

„Nein", sagt der Herr, „ich kaufe zum ersten Mal bei Ihnen ein."

„Ja, haben Sie denn keine Enkelkinder, denen sie ab und zu etwas schenken?"

„Nein", sagt der Herr, „ich habe keine Enkelkinder. Ich habe keine Familie, ich lebe ganz allein."

Nun wundert sich die Verkäuferin noch mehr.

Ein Herr, der allein lebt, der so strahlt und sich selbst beschenken will mit einem Geschenk, das er sich groß einpacken lässt. Merkwürdig.

Es lässt ihr keine Ruhe. Während sie das Paket mit einer Schleife verziert, fragt sie: „Haben Sie Geburtstag?"

„Nein", sagt der Herr strahlend, „mein Geburtstag war vor einem halben Jahr."

Nun hält es die Verkäuferin nicht mehr und entgegen ihrer sonstigen Gewohnheit fragt sie den Herrn geradeheraus: „Ja, warum wollen Sie sich denn dann ein Geschenk machen? Haben Sie einen neuen Job oder haben Sie im Lotto gewonnen?"

„Nein," sagt der Herr. „Nichts von alledem trifft zu. Nach normalen Maßstäben habe ich keinen Grund, mir selbst etwas zum Geschenk zu machen. Aber mir ist klar geworden, dass ich es verdient habe, mich selbst zu beschenken. Mir ist klar geworden, dass es an mir liegt, wie ich mich selbst behandle und wie ich mit mir selbst umgehe. Ich kann mich selbst nachlässig behandeln, und ich kann mich selbst liebevoll behandeln, ich kann mich niedermachen, und ich kann mir selbst huldigen. Ich kann mir selbst Ehrerbietung entgegenbringen. Ich selbst entscheide, wie ich mit mir selbst umgehe. Und ich will mich liebevoll behandeln. Und daran soll der Teddy mich jeden Tag erinnern."

# Gnade

Gnade
im Augenblick,
in diesem Augenblick.
Spürst du?
Sie wird dir geboten in diesem Augenblick.
Kannst du sie fühlen?
Kannst du sie annehmen?
Ohne Bedingung? Jetzt?
Oder haderst du mit der Welt?
Fühlst dich als Opfer?
Verschließt dein Herz?
Dann kannst du die Gnade nicht spüren.
Dann bist du verschlossen für die Erlösung
von deinem Schmerz.
Du hältst daran fest, suhlst dich in ihm,
klagst die Welt an und leidest.
So sieh doch, was dir geboten wird:
Die Welt
gibt dir die Chance, Altes zu spüren,
dich einzulassen auf alten Schmerz,
um ihn zu erlösen,
nicht um dich zu quälen.
Doch was machst du?
Du quälst dich ohne Unterlass,

bleibst hängen an Altem,
das längst vergangen.
So komme an in diesem Moment
und öffne dein Herz.
Öffne es für dich selbst ganz weit,
fürchte nichts,
sondern bleibe in dem Vertrauen,
dass der Schmerz jetzt heilen kann.
Und spüre die Gnade,
spüre die Liebe,
die in dein weit geöffnetes Herz hineinfließt.
Und fühle die Wahrheit in deinem Herzen,
fühle, was dein Herz dir verheißt:
Ich bin geliebt,
ohne Wenn und Aber,
bedingungslos
werde ich geliebt.
So öffne es weit und weiter noch,
und empfange die Liebe, die dir gebührt
nur durch dein Sein
in jedem Moment.

# Genuss

Genießt du?
Genießt du dein Leben,
so wie es kommt?
Oder schuftest du,
rennst der Zeit hinterher,
in der Angst,
etwas zu verpassen?
Oder kannst du geschehen lassen,
so wie es kommt,
voller Vertrauen,
dass das Richtige zu dir kommt
im rechten Moment,
zur rechten Zeit?
Kannst du genießen,
bewusst erfahren,
was das Leben dir jeden Tag bringt?
Nein?
Was hindert dich,
den Moment zu genießen?
Was willst du erreichen?
Wo willst du hin?
Genießen kannst du nur im Sein,
wenn du den Moment bewusst erfährst,
wenn du mit deinem ganzen Sein

dich einlassen kannst
auf das Jetzt, den Moment,
ohne Erwartung,
ohne den Druck,
etwas noch schnell erreichen zu müssen.
Sei mit deiner Erfahrung, jetzt,
fühle sie, spüre sie,
gib dich ganz hin
und koste sie, schmecke sie, koste sie aus.
Denn sie ist flüchtig,
nur in diesem Moment
kannst du sie fühlen,
sie erfahren im Sein
und sie genießen mit all deinen Sinnen.
Lasse dich ein auf deine Erfahrung,
sei mit ihr,
sei mit dir
in den Erfahrungen deines Lebens.
Werte nicht,
erfahre sie einfach
und genieße
das Sein in dir
in jedem Moment.

# Heil sein

Heil sein,
was ist das?
Heil sein, das ist dein Ziel,
heil an Geist, Körper und Seele.
Wie kommst du dahin?
Indem du dich selbst wahrnimmst,
ohne zu verdrehen, ohne zu verurteilen,
ohne zu beschönigen,
indem du dich selbst wahrnimmst,
wie du bist, ohne Wenn und Aber,
so wie du bist, mit allen deinen Gefühlen,
mit allen deinen Bedürfnissen,
mit allen deinen Überzeugungen,
Glaubenssätzen und antrainierten Verhaltensmustern.
Erst indem du dich selbst wahrhaftig wahrnimmst,
ohne andere für deine Gefühle
und alles, was du in dir wahrnimmst,
verantwortlich zu machen,
bekommst du ein Gefühl für deine eigenen Grenzen,
beginnst du zu fühlen,
wo du aufhörst und der andere anfängt,
beginnst du zu fühlen,
welches dein Raum ist und welcher nicht,
beginnst du wahrzunehmen,

wo jemand deinen Raum nicht respektiert
und deine Grenzen überschreitet.
Und je mehr du dich selbst annimmst, wie du bist,
je mehr du ein Gefühl für deine eigenen Grenzen entwickelst,
desto besser kannst du auf dich und deinen Raum achten,
und desto besser kannst du den Raum
und die Grenzen anderer wahrnehmen.
Und erst,
wenn du die Grenzen zwischen euch wahrnehmen
und achten kannst,
kannst du mit den anderen wahrhaft verschmelzen
zu dem einen göttlichen Wesen,
dem einen göttlichen Geist,
aus dem ihr alle seid.
Dann bist du heil,
dann seid ihr heil
und ganz.

# Größe

Größe
Was verstehst du darunter?
Wann bist du
groß?
Wenn du erwachsen bist?
Wenn du emotional gereift bist?
Wenn du Kontakt
zu himmlischen Wesen aufnehmen kannst?
Ist das für dich Größe?
Nun, dann seid ihr alle groß,
ohne Ausnahme.
Denn das alles kann ein Jeder von euch.
Ein Jeder von euch kann erwachsen werden,
kann emotional reifen,
kann Kontakt aufnehmen zu himmlischen Wesen.
Das ist nichts Besonderes,
das ist eine selbstverständliche Fähigkeit,
denn ihr seid selbst himmlische Wesen.
Groß,
wirklich groß seid ihr erst,
wenn ihr beginnt,
eure Größe wahrzunehmen,
sie fühlen zu können,
ohne sie zu verleugnen

aus der Angst,
jemand könnte euch dafür verurteilen,
euch dafür zurückweisen.
Groß
seid ihr erst,
wenn ihr eure Größe annehmen könnt
und sie ganz leben könnt
in dem Bewusstsein,
dass ihr alle
diese Größe in euch tragt –
ohne Ausnahme.

# Gewaltfreiheit

Bist du frei von Gewalt?
Frei von gewalttätigen Gedanken?
Wünschst du deinen Mitmenschen Gutes aus deinem Herzen
oder verurteilst du sie?
Tust du ihnen in Gedanken,
mit deinen Worten
Gewalt an?
Oder liebst du sie aus deinem Herzen
bedingungslos?
Kannst du ihnen verzeihen,
was sie dir in ihrer Angst „angetan" haben?
Kannst du sie sehen als verletzte Kinder,
die laut um Hilfe rufen
mit jedem Nadelstich,
den sie gegen dich setzen?
Erbarme dich ihrer,
verurteile sie nicht für das, was sie tun.
Denn sie wissen nicht, was sie tun.
Sie meinen,
sich schützen zu müssen
durch Aggressivität.
Sie haben Angst,
ihr Herz zu öffnen,
da sie sich vor weiteren Verletzungen und

Zurückweisungen fürchten.
Dann öffne du dein Herz,
zunächst für dich selbst und
damit auch für deine Mitmenschen.
Nimm zunächst den ersten Platz in deinem Herzen ein.
Und wenn du das getan hast,
dann kannst du die anderen in deinem Herzen begrüßen,
kannst sie ebenfalls einladen in dein Herz.
Vertraue einfach darauf,
dass die Kraft deines Herzens heilen kann,
dich selbst und alle,
die du liebst
aus deinem Herzen.

# Versorgt sein

Versorgt sein,
was verstehst du darunter?
Heißt das für dich, ein volles Konto zu haben,
über ein regelmäßiges Einkommen zu verfügen?
Heißt das für dich,
immer und zu jeder Zeit genug zu haben,
im Überfluss zu leben?
Warum tust du es dann nicht?
Warum lebst du nicht im Überfluss?
Warum zweifelst du daran,
dass du versorgt bist,
dass du im Überfluss leben kannst?
Was hält dich davon ab,
es ganz einfach zu deiner Wahrheit zu machen?
Was bringt dich dazu, nicht glauben zu können,
dass du wunderbar versorgt bist mit allem,
was du benötigst?
Welche Instanz in dir verbietet es dir,
es zu deiner Wahrheit zu machen und es zu leben,
ganz selbstverständlich?
Erkenne, dass du selbst es bist,
der den Überfluss von dir fern hält.
Erkenne, dass du selbst es bist,
der dir nicht die Erlaubnis gibt,

dich ganz einfach versorgen zu lassen
durch dein Sein.
Du bist versorgt in jedem Moment deines Lebens
mit allem, was du brauchst,
und nicht nur mit dem, was du unbedingt brauchst,
sondern versorgt in Hülle und Fülle.
Du musst es nur zulassen, dich verabschieden
von deinen einschränkenden Glaubensmustern
und Überzeugungen,
dass du es nicht verdient hast,
versorgt zu sein.
So wie dir in jedem Augenblick deines Lebens
mehr als genug Sauerstoff zur Verfügung steht,
steht alles für dich bereit in Hülle und Fülle.
Nimm davon, gestehe es dir zu, genieße es.
Es ist dein.
Du kannst niemandem etwas wegnehmen,
und niemand kann dir etwas vorenthalten.
Es ist soviel mehr da,
als ihr alle zusammen je verbrauchen könnt.
Nehmt davon, nehmt es in Besitz,
und ihr werdet sehen,
wie es sich wundersam vermehrt,
euch selbst zum Wohle
und allen anderen.

# Friedfertigkeit

Bist du bereit zum Frieden?
Oder grollst du und meinst,
man habe dir Unrecht getan?
Kannst du die Dinge ruhen lassen?
Kannst du sie in Frieden ruhen lassen?
Oder rührst du sie immer wieder an?
Kannst du andere in Frieden lassen,
sie in Frieden so sein lassen, wie sie sind,
sie sehen als das, was sie sind,
nicht als das, was sie scheinen?
Kannst du dich selbst in Frieden lassen,
oder erwartest du ständig etwas von dir?
Kannst du dich so sein lassen, wie du bist,
und mit dir selbst in Frieden sein?
Kannst du dich selbst in Ruhe lassen
und dich in Frieden liebevoll betrachten
mit allem, was du bist?
Fange bei dir selbst an,
dich in Frieden zu lassen,
in Frieden zu sein mit dir selbst,
und du wirst bereit sein
für den Frieden mit anderen.
Dann erst
kannst du Friedfertigkeit leben

und beitragen
zum Frieden in der Welt.

# Ergebenheit

Ergib dich,
ergib dich deinem eigenen Lebensplan.
Du selbst
hast ihn dir zusammengestellt.
Du selbst
hast entschieden,
welchen Weg du gehen willst.
Du selbst
entscheidest in jedem Augenblick neu,
ob du ihn in der von dir vorgesehenen Weise gehen willst
oder nicht.
Nur du selbst entscheidest.
Niemand anderes hat die Berechtigung,
für dich zu entscheiden,
wenn es dir auch oft so erscheint.
Letztlich bist du allein verantwortlich für all das,
was in deinem Leben geschieht.
Letztlich bestimmst du selbst,
wo es für dich „lang geht",
auch wenn du oft
den Weg nicht klar zu erkennen scheinst.
Lasse dich nicht irritieren,
lasse dich nicht von dem von dir gewählten Weg abbringen,
gehe ihn ganz einfach im dem tiefen Vertrauen,

dass es dein Weg ist,
der dich führen soll
zu deiner eigenen Herrlichkeit,
deiner eigenen Göttlichkeit,
deiner eigenen bewussten Herrschaft
über dein Leben,
über dein Sein.
Nimm dich
und deinen von dir selbst gewählten Weg an,
nimm ihn ganz einfach an
als den Schlüssel
zu deiner eigenen Herrlichkeit.
Und gib dich hin in dem Vertrauen,
dass du geführt bist und geleitet,
geliebt und gestützt
dein Leben lang.

# Wesentliches

Was ist wesentlich?
Was gehört zu deinem Wesen?
Was gehört nicht dazu?
Was ist für dich und dein Wohlergehen wesentlich?
Was entspricht deinem Wesen
und was nicht?
Wie oft verlierst du dich in Unwesentlichem?
Wie oft vernachlässigst du dich und dein Wesen,
versuchst, es anderen recht zu machen,
statt nach deinem Gefühl zu handeln?
Es ist Zeit,
auf das Wesentliche zu achten
und deine kostbare Zeit
hier auf diesem Planeten
für das Wesentliche einzusetzen.
Und dazu kannst du niemand anderen befragen.
Nur du allein kannst wissen,
was für dich das Wesentliche ist,
denn nur du allein
weißt tief in deinem Inneren,
weshalb du auf diesen Planeten gekommen bist,
was du hier wolltest,
welche Erfahrungen du hier machen wolltest
und welche Heilungsschritte du hier vollziehen wolltest.

Daher spüre immer wieder tief in dich hinein,
lausche der Stimme deines Herzens,
und du wirst wissen,
was das Wesentliche für dich ist.
Und dann handle entsprechend,
folge der Stimme deines Herzens,
nicht der deines Verstandes,
nicht der Stimme der Gewohnheit,
nicht der Stimme der Bequemlichkeit,
sondern nur der Stimme deines Herzens,
und du kannst nicht fehlgehen.

# Vermächtnis

Klarheit brauchst du,
Klarheit in deinen Gedanken und Gefühlen.
Dann erst kannst du dein Vermächtnis erfüllen,
das Vermächtnis, das du dir selbst gegeben hast.
Dann erst kannst du in Wahrhaftigkeit
deine Welt begreifen und erfühlen,
und dann erst kannst du in Freiheit die Schritte gehen,
die du dir vorgenommen hast,
und deine wahre Kraft und Größe leben.
Darum fühle, mein Kind, sei wahrhaftig zu dir selbst.
Prüfe bei jedem Schritt, ob du aus deinem Herzen handelst,
ob du im Einklang mit dir selbst handelst
oder ob du nur aus einer Laune, einer Verstimmung,
einer Emotion heraus handelst.
Prüfe, ob du andere nur belehren willst,
um als der große Lehrmeister dazustehen,
oder ob du wirklich aus deinem Herzen
die Wahrheit mitteilen willst,
nicht um andere zu erniedrigen, sie zurechtzuweisen,
sondern weil dein Herz es dir gebietet.
Prüfe, lasse dir Zeit, übereile nichts.
Sei streng mit dir selbst,
denn oft meinst du die Wahrheit zu verkünden
und sprichst doch nur von deiner eigenen Wahrheit.

Fühle in Wahrhaftigkeit und vergiss die Demut nicht.
Wenn du jedoch geprüft hast
und dein Herz dir immer noch sagt,
dass du handeln sollst, dann gehe mutig voran.
Doch achte stets darauf,
dass du mit deinem Herzen in Verbindung bleibst,
dass du es im Eifer des Gefechts nicht verschließt
für dich selbst und den anderen.
Denn nur wenn du mit deinem Herzen in Verbindung bleibst,
kannst du sicher sein, im Sinne des großen Ganzen zu handeln
und nicht aus egoistischen Motiven.
Und nur dann ist dir der Erfolg gewiss.
Nur dann kannst du dein Vermächtnis in Reinheit erfüllen,
nur dann kannst du wahrhaft erfolgreich sein.
So lebe dein Vermächtnis,
lebe es und schreite voran.
Sei guten Muts
und lasse dich von deinem Herzen führen.
Und der Erfolg ist dir gewiss.

# Gebet

Gottvater, Allmächtiger,
Gnade Bringender,
alles Versorgender,
hülle mich ein in deinen Frieden,
erfülle mich mit deinem Frieden,
lasse mich ruhen in dir,
mich finden in dir,
auf dass ich die Ruhe in mir finde,
in mir fühle,
die Ruhe des Seins,
des Akzeptierens,
in deinem Frieden,
ohne zu verurteilen,
ohne zu hassen,
die Ruhe der Einheit,
der Verbundenheit
in jedwedem Moment.

Gib mir die Kraft,
nicht mit meinem Verstand vorauszueilen,
zu interpretieren,
Zusammenhänge herzustellen,
die nicht der Wahrheit entsprechen.

Gib mir die Kraft,
im Moment zu bleiben,
mich meinen Gefühlen zu stellen,
nichts zu verleugnen,
sondern anzunehmen,
was immer es ist,
als deinen Willen,
als deine göttliche Perfektion.

Gib mir das Vertrauen,
dass ich nicht allein bin,
dass ich verbunden bin
mit dir,
mit allem, was ist,
in der Einheit allen Seins,
unzerstörbar verbunden mit dir,
mein Gott.

# Nachwort

*Lieber Leser, vielleicht fragst du dich, wie die Juwelen entstanden sind. Nun, da lassen wir besser die „Autorin" zu Worte kommen:*

Wer mich kennt, weiß, was für ein langer Weg hinter mir liegt. Ich habe knapp 20 Jahre als Studienrätin für Biologie und Französisch an einem Gymnasium in Niedersachsen gearbeitet und war in erster Linie wissenschaftlich „verbildet". Ich glaubte nur, was man beweisen konnte oder was ich selbst erfahren hatte. Obwohl ich nie Lehrerin hatte werden wollen, habe ich den Beruf dennoch meist mit großem Engagement ausgeübt, denn mich haben immer schon Menschen interessiert.

Was ich damals nicht wusste bzw. nicht erkannt hatte, war die Tatsache, dass meine eigentliche Begabung im Wahrnehmen und Erfühlen von Personen liegt. Aber für mich zählten aufgrund der langen Ausbildung in unserem Bildungssystem vor allem Leistung, Wissen und „harte Arbeit".

Durch verschiedene Umstände und Ereignisse in meinem Leben kam meine wohlgeordnete Welt ins Wanken. Ich spürte, dass etwas Neues anstand und dass dieses Neue nicht mit meinem alten Beruf zu vereinen war. Gemeinsam mit meinem Mann beschloss ich, mich für eine gewisse Zeit beurlauben zu lassen, und so kehrten wir nach gut einem Jahr beide unseren festen Stellen ganz den Rücken.

Kaum hatte ich den Schuldienst verlassen, stellte sich das erste Channeling ein mit klaren, kaum zu widerlegenden Aussagen. Meine Welt stand Kopf. Und dann kamen drei lange, zum Teil sehr mühsame Jahre, in denen es vornehmlich darum ging, mich unzähligen Ängsten, Glaubensmustern, eingefahrenen Denkweisen mit allen dazu gehörenden Gefühlen zu stellen und mich – auch mit der Hilfe lieber Freunde und anderer Channel – Schritt für Schritt davon zu befreien.

Ein Durchbruch kam im Sommer 2004 nach einer fürchterlichen Krise, in der ich noch einmal alles in meinem Leben in Frage gestellt hatte. Als ich eines Tages, während mein Mann gerade an einer Übersetzung arbeitete, (mal wieder) meine Bedenken wegen unserer Finanzen erwähnte, schlug er mir plötzlich vor, mich in den Garten zu setzen und etwas aufzuschreiben. Als ich ihn fragte, was ich denn bitteschön aufschreiben solle, antwortete er mir nur lapidar: „Weiß ich doch nicht" und fuhr mit seiner Übersetzung fort. Da mir nichts Besseres einfiel, nahm ich einen Block und einen Stift, setzte mich in den Garten und fragte wie ein trotziges Kind: „Ja, und nun?!" Und dann wurde mir diktiert, Seite um Seite. Ich solle immer fragen: „Was liegt an?" und „dann lauschen und vertrauen und dann tun".

Nach einiger Zeit meldete sich der Aufgestiegene Meister El Morya in diesen „Diktaten" und ich dachte zunächst, nun sei mein Ego völlig übergeschnappt. Aber die Verbindung zeigte sich immer wieder, bis ich sie akzeptieren konnte. (Interessanterweise hatte ich während meiner Aura-Soma Ausbildung sofort einen Bezug zu verschiedenen Quintessenzen bzw. Aufgestiegenen Meistern gefühlt, unter anderem zu El Morya.)

Und dann wurden mir „Textjuwelen" angekündigt mit dem Hinweis, dass es „nur die Grenzen meines Verstandes" gäbe, und innerhalb eines Monats flossen fast 50 dieser wunderbaren Texte durch meine Hände in den Computer bzw. aufs Papier. Fast immer wurden sie angekündigt mit den Worten „fühle in dein Herz und lausche", und ab und zu wurde ich explizit aufgefordert, meinen Verstand aus dem Spiel zu lassen.

Ich staune immer wieder über die Leichtigkeit, mit der diese Texte fließen, wenn ich sie fühlen kann.

*Nun, lieber Leser, hast du einen Eindruck gewonnen, wie diese Texte entstanden sind. Solltest du Interesse bekommen haben, dich noch tiefer mit dir und deiner momentanen Situation auseinanderzusetzen, so kannst du auch einen persönlichen Text anfordern, in dem wir dich unterstützen können.*

*Solltest du darüber hinaus Interesse haben, dich mit einzelnen Texten intensiver zu beschäftigen, so hast du dazu Gelegenheit in Workshops, in denen wir dich intensiv in deiner inneren Arbeit mit dir selbst unterstützen können.*

*Lasse die Texte auf dich wirken, versuche nicht, sie mit deinem Verstand zu erfassen, lasse sie ganz einfach auf dich wirken in dem tiefen Vertrauen, dass sie genau dort wirken, wo sie wirken sollen. Sei gesegnet.*

*Meister El Morya*

*Kontakt*
Christine H. Warcup
Ludwigstr. 21 A
86919 Utting am Ammersee
www.BildungimWandel.de
Christine@BildungimWandel.de

Lesen Sie auch El Moryas Buch

*Herzens-Bildung – ein Wegweiser für Eltern,*
*Lehrer und Schüler und alle, die noch lernen wollen,*
*aus dem Herzen zu leben*

ISBN 3-89568-146-6

In Vorbereitung befindet sich auch eine CD
mit den vertonten *Juwelen*
und anderen Texten, sowie Gesang,
vorgetragen von Ch. H. Warcup

*Herzens-Bildung: Ich sage ja zu mir*